Doroty B.J. Dimolitsas

Dia sete de setembro

Doroty B.J. Dimolitsas

Dia sete de setembro

Poemas

JustFiction Edition

Imprint

Cover image: www.ingimage.com

Publisher:
JustFiction! Edition
is a trademark of
International Book Market Service Ltd., member of OmniScriptum Publishing Group
17 Meldrum Street, Beau Bassin 71504, Mauritius
Printed at: see last page
ISBN: 978-620-0-49466-5

No Beijo

Com o beijo foice o senso de orientação,

Perde-se a noção, vira estrofe, melódica e gulosa

Sorve e absorve, quase engole

O beijo desejado mudo, calado

Safado e molhado, com sabor de amor.

Foice o pudor é tudo amor.

Dora Dimolitsas

No xicotear da madrugada

Olho minh' alma
no manto da noite
como um peixe solúvel,
no xicotear
da madrugada,
mergulho fundo
vou buscar a chama
que arde incontida
e explode com o sereno da manhã.

Dora Dimolitsas

Espelho de Afrodite.

Viajar vales, sentir cheiros,

Cavalgar, beber na fonte.

Adentrar labirintos holográficos

Conhecer o espelho de Afrodite

Unir forças ao escudo e lança de Ares

No papiro, os artefatos celebres, camicases hábeis

De Cossacos e Troianos, na fúria das amazonas,

Perdem escudos viram vândalos gladiadores.

A força da fêmea ávida, vencida na relva.

Dora Dimolitsas

hakay

Comadres no titi

Maritacas matraqueiam

Alta tensão

Dora Dimolitsas

Explosão

Na quietude de seu abraço,

Estranho silêncio de mim

Descubro-me em ti,

Eu, e Você

Explodimos em um.

Dora Dimolitsas

Sou Passaro

Dizem que poeta é pássaro
Já tentei voar em esquinas,
e noites que não é agora,
Procuro o sol que falta nas ruas alagadas
Nas casas desfeitas, nos cadáveres arrastados,
Mantenho-me com os pés no chão
Gosto de sentir o pó, o mesmo pó de onde venho.
Minha parcela imperfeita, esboço rasgado
Pássaro cansado, já tentei voar
Em dias que não é agora.
Onde o silencio é aurora
As sombras não ficam de fora
O preto e o branco são iguais
Tento entender o que o mundo nos faz,
Se sou poeta, e sou pássaro,
sou pássaro enjaulado.

Dora Dimolitsas

Elos entre Polos

Os rituais sagrados forçam o meu ego a
Estabelecer elos entre meus pólos.
Esculpidos como pedras, preso em rochas,
Encravados no tempo .
Sou catedral em todos seus mistérios,
como fogo na purificação, e a fumaça
levando cada partícula, espalhando os mistérios no ar.
crânios gritam em busca de seus corpos
levados pelo ganjes
lua e sol em pleno eclipse
dançam na brisa da noite,
saudando a multidão,
olhos fixos no tempo,
escondem as mascaras na perspectiva de
não enxergar os caminhos tortuosos a frente.
Eu terra, eu pedra, eu vento, eu fogo eu ,Eu água, EU.
Afinal quem sou?

Querendo fundir-me a natureza

Enfeito-me de cores, remo no mar da vida

A procura de mim.

Dora Dimolitsas

Abismo

Rastros de pólvora,é combustão na noite,

cria grandes abismos

aqueloutros falam que as raízes cochilam

e esquecem a comunidade dos vivos.

Os pés sujos correm das feras,as larvas sutis,

Inviolados felinos,é aqui o além.

Dora Dimolitsas

Elementos.

O Homem

Transforma o poder tenebroso,

e traz da profundidade o puro néctar

a sabedoria que irradia da consciência ,

ilumina, expande suas verdadeiras ,qualidades,

transforma os elementos que o nutre,

Ar, Terra, Fogo, e Água,

após ter-se erguido dos fluidos turvos da paixão.

É a síntese viva do mais profundo e do mais elevado da escuridão e da luz,

do material e do imaterial,

das limitações, e individualidade,

da universalidade ilimitada,

Dora Dimolitsas

A Espada

Sangra o santo sudário

a espada é o elo,

esbarra nas distorções,

fazem os abismos de Breton

no caracol do rebento

não há lamentos

microcefalia,cólera, massas profanas

(os impúberes-psíquicos)

deixam expostos o brilho

dos olhos,

nos ossos do crânio sagrado

Dora Dimolitsas

Poema a Jorge Amado

A Alma decreta meu mundo secreto,
a rima e o credo transfiguram-se,
teimo em não ser vencido.
O alumbramento vai a terra do sem fim,
onde catarses de emoções saboreiam cravo e canela.
Céu e mar não se cansam das belezas agrestes,
e pensamentos binários
envolvem-me em Prestes solidário,
procuro a luz no final do túnel.
Brilho nas noites tempestuosas,
distribuindo beijos,
permeando o erotismo.
Irreverência sempre foi o meu forte
e o surreal brilha minha retina,
encontro-me com o gato malhado,
não o deixo ver minhas andorinhas.
Senso profundo, amar Jorge, amar o amado,
por que o caos refaz e é dadivoso.

Dora Dimolitsas

"A poesia -- toda -- é uma viagem ao desconhecido" (Vladimir Maiakovski).

Braços abertos

De braços abertos a luz brilha.
Existe no coração estrelas que bailam,
E caminham em estrada de luz.
De braços abertos elevamos a alma
Buscamos o silêncio
Que explode e responde,
Dora Dimolitsas

Levitei,

Andei solitária nas ruas do mundo,

Vi-me refletida no espaço etéreo da luz

Como pássaro sem asas levitei,

Encantada e solitária caminho na visão do infinito

O planeta azul eu abracei..

Sou mulher alada, felina, e guerreira...

Solitária caminho ao encontro de minha memória astral,

Minha química cósmica, reverenciando o altar sagrado da luz

Dora Dimolitsas

A Rosa Azul.

O pingo de chuva se fez pérola

Na concha da pétala da rosa azul.

O verde cintilante

Viu a pérola brilhando na concha

Do azul da Rosa.

Dora Dimolitsas

Seara

Sol e abelhas

Abelhas,

Uma seara fecunda,

Coexistem multidiversas

em busca de urzes, vão às muralhas,

zumbem exauridas ao encontro

do caminho do Sol.

No paradoxo, a exuberância das

colombinas,deixam as

arestas, escoar os nuances

Dora Dimolitsas

Centelha

Não te deixes levar só pela razão,

por que o coração tempera e faz brilhar o teu dia.

A vida é uma explosão de luzes.

Liga o seu interruptor, acende sua centelha.

Dora Dimolitsas

O tesouro

A Amazônia

Nosso tesouro cobiçado

Em completa devastação

Pede socorro à nação.

A fauna, a flora,rios,

Caminhos que abastecem a nação.

Um rio-mar, levando e trazendo o pão,

Com sua navegação.

Sementes germinam frutos,

Amazônia, Amazônia

Onde a lenda pousar,

E o uirapuru cantar.

Brasil seja do povo, o novo olhar,

Implanta em cada coração

O verde, amaralo da Nação.

As queimadas precisam acabar.

Dora Dimolitsas

Van Gogh

O silencio do amarelo

De Van Gogh

Brilha a Iris de meu olhar.

Dora Dimolitsas

A noite

A noite chegou, e o mundo dormiu.

O corpo em teus braços, você envolveu.

Pétalas de rosas vermelhas, no lençol.

Perfume de jasmim, o cheiro sentiu.

O sonho atingiu a mais plena e divina perfeição.

Mulher encanto, no mais suave frenesi.

Acordada sentiu o aroma do teu amor.

Viveu.

Dora Dimolitsas

A Deusa, Artemis

De natureza agreste

Protetora dos bosques e montanhas, na Grécia Reinou.

Com sua flecha ligeira, atinge quem se atreve a

A maltratar filhotes, e prejudicar lagos e montanhas.

Caçadora bela e veloz, senhora da Ursa, e do Servo

Deusa das artes, da vida e da luz.

Somente um ser conseguiu seduzi-la

Mas com sua flecha, por distração feriu-lhe, o peito

Perdendo seu coração.

Em lagrimas lança seu amado no firmamento

Que fragmentado é transformado em constelação

E como estrela ainda hoje brilha em seu coração.

Dora Dimolitsas

Imaginação.

O caminho bem pontilhado,

é um bem viver ,

surfa na temporalidade

Transcende, e reacende

a imaginação

Dora Dimolitsas

A MÁGICA E O CÉREBRO

Mistério da mulher, desejos infindos do homem,

A mágica e o cérebro, “D’ alma e da ligação maior,

Grandes mestres, a filosofar, musas, Apolo, e sonhos,

Espírito de ouvinte,

Exaltação mais intima do ser,

Heróis, sonhos,sábios, poderes mágicos,

Tudo conspirando e criando o Poeta

Dora Dimolitsas

Jeovana

Uma estrela germinou teus passos

Escavou o ventre até o amanhecer

A morfogênese que te fez luz

Vai decifrar teus passos

Conhecer tua aurora

Te ensinar a trilhar

O eterno caminhar.

Dora Dimolitsas

Espelho

No espelho,

Contemplamos imagens que nos inspiram,

A lucidez da transcendência.

Aonde o ponderável nos conduz a fosforescência

Emanando a luz que condensa no horizonte o corpo celeste...

Bebemos as palavras do reconhecimento, pela ação e inspiração,atraímos o pensamento, na vibração pessoal

Dora Dimolitsas

Poesia

Poesia é eco e arte, da vontade

A palavra ascendendo no espírito,

Dora Dimolitsas

Ser como a lua

Chegar quietinho, falar baixinho, e aquecer os sonhos,

Ser Halíades Ser Heracles, visitar os sonhos, alimentar a alma.

A distância não é medida, estar perto, ou longe.

É só um sim, ou um não, flor, dor, ou explosão

Um vulcão, abrir mão, ser constelação

Uma única alma, e muitos caminhos

Em um mundo de emoções, ser como a lua

Dora Dimolitsas

FAISCAS

O flutuar de faíscas

Poeiras incandescentes,

A chama violeta da transmutação

Perceptível, nem sempre visível,

O flutuar de faíscas,

Deixa lampejos de fusão ou ilusão

Permeando quimeras.

Em uma gravidez permanente

Dora Dimolitsas

A cólera

Pequeninos em seu desabrochar

Perdem suas raízes e tombam,

O eco do bag-bang deixa suas

Marcas sem piedade, sem solução.

O desabar dos pequenos corpos de realengo

Grita o trágico momento, a válvula sem escape

A Microcefalia formou a cólera da besta ferida.

Dora Dimolitsas

Meus sonhos

Sonhos Cadenciados

Meus sonhos galopam atmosferas,

Iguais as naves espaciais,

Perfurando cada canto

Ex-planando infinitos.

Solve toda essência,

Unindo aura com aura,

Ouvindo cada tic-tac,

Cadência com cadência.

O peito em brasa abraça os anexos

Mesmo incauta, removo relâmpagos revoltos

Entrego-me a conexão celular

Chego às colinas do real.

Dora Dimolitsas

Usando sentimentos.

Faço poemas

Utilizando sentimentos,

Vou buscar o lirismo das citaras

E as verdades abstratas,

Sinto e não me calo

Deixo o coração falar, voar,

Liberar toda a força da palavra.

Dora Dimolitsas

O corpo em brasa
Uma chama ardente,
Sinuosa beleza,
Em movimentos

Evapora sonhos
Destrói barreiras
Habita raízes sinuosas.
Da força da vida,

A silhueta emerge
Esfinge pecaminosa,
Ou fêmea faminta
Dora Dimolitsas

Sons

A melodia são
Cadências sucessivas
Do ritmo sinusal.

As profundas vertentes
Intensivas dos sons.
Restauram energias,

Simultâneo equilíbrio.
A voz com dinâmica,
Prevendo a vibração.
Dora Dimolitsas

Olhos Claros.

O sol nasceu e em seu olhar
Pousou, e até a rosa invejou
De triste até murchou.

Olhos claros,
De azul anil
O moço sonhador
Logo pensou

Que olhos, que amor.
De azul anil,
Quem não viu?

O coração bate forte
É a alma que fala
Através do olhar.
Não é para provocar.
Dora Dimolitsas

Renascendo Flor

Caminho à flor da pele
Sozinho Entrelaço
O meu destino

Tatuando na alma
Dividindo espinhos
Renascendo flor.

Palavras repelem dores
Marcadas, e em chamas
Queimandopeito

Sem destino viajo
Em brejos, ou estradas
Com a lua em cor.
Dora Dimolitsas

Quem és tu

Quem és tu, que
Povoam meu sonho,
E me faz chamar o
Teu nome baixinho,

Falar com o vento,
Evocar as estrelas,
Responder no silêncio.
Beijar o vazio.

Se calo te escuto
Sinto teu toque,
Quem és tu que me faz
Transforma minhas noites.

Deito-me te sinto.
As notas musicais
Povoam o meu sonho.

Dora Dimolitsas

Poema em construção.

Se um dia alguém perguntar quem sou
Diga que sou sorriso,
Que sou história,
Que vivo na memória.

Se um dia alguém perguntar onde estou
Diga que estou logo ali,
Por que meu lugar é sempre aqui.

Se alguém perguntar onde é aqui,
Diga que aqui é sempre onde estou
Onde vou, onde sou.

Se alguém perguntou já chorou,
Já amou, já sofreu, já morreu.
Diga que Já, vivi, morri, cantei, dancei,

Namorei amei, sorri,
Plantei uma orta

Entrei pela porta

Mais sei que ninguém se importa

Agora você sabe

O meu coração se importa

Dora Dimolitsas

Poema Lembranças

Trago na lembrança amigos eternizados,
Vindos de mares remotos, e revoltos
Chegando de caminhos que se cruzaram

O abraço ficou, a saudade permanece.
Novos mundos percorremos
Trilhamos novas etapas de vida

Sonhos que galopam extremos
Navegando novas galáxias
Realizando etapas pessoais

Lembranças permanecem tatuadas na alma
Alimenta carinhos vividos,
Abraços dados, sonhos realizados

Vida vivida, e guardada
Com esmero no fundo da alma
Só gratidão, só gratidão
Dora Dimolitsas

Portas abertas

Não se consegue fechar
A porta do coração...
O espírito renasce
Estabelecendo relações...

Relações de amor.
Você pode não se dar conta,
Por isso que a inovação é
Importante em nossas vidas.

Quantas vezes não percebemos
Que somos parte integrante do amor,
Algo profundo e belo.

Ao buscar a Verdade,
Para si, não obrigue ninguém
A pensar igual a você
Deixe as portas abertas,

Tenha certeza não conseguimos fechar
A porta do coração,
O espírito renasce estabelecendo relações,
Há uma lição a ser aprendida, em cada momento,

Se pensar em uma pessoa,use sempre o coração
Descobrirá como cada coração pulsa junto ao seu,
Como cada coração é pleno e fecundo.
Dora Dimolitsas

Primavera

Senti folhas caídas
Esvoaçando no chão
Como uma explosão

Despojadas e soltas.
Abra sua janela
Esquece a revoada

Sente a beleza no ar.
Chegou a primavera
A estação mais bela
Dora Dimolitsas

Meu chão

Sou filha deste solo,
E das margens plácidas
Polo, sol e belezas,

Que um dia foi herói
Bradando ao mundo
Glórias que a hora corroí,

Sem saber o que fazer
Frente a resiliência,
Cansado de embuste

Os olhos embaçados
Perplexo e cansado
Hora de recomeçar
Dora Dimolitsas

Primavera

Senti folhas caídas
Esvoaçando no chão
Como uma explosão

Despojadas e soltas.
Abra sua janela
Esquece a revoada

Sente a beleza no ar.
Chegou a primavera
A estação mais bela
Dora Dimolitsas

Meu chão

Sou filha deste solo,

E das margens plácidas

Polo, sol e belezas,

Que um dia foi herói

Bradando ao mundo

Glórias que a hora corroí,

Sem saber o que fazer

Frente a resiliência,

Cansado de embuste

Os olhos embaçados

Perplexo e cansado

Hora de recomeçar

Dora Dimolitsas

Caminho à flor da pele

Sozinho Entrelaço

O meu destino

Tatuando na alma

Dividindo espinhos

Renascendo flor.

Palavras repelem dores

Marcadas, e em chamas

Queimandopeito

Sem destino viajo

Em brejos, ou estradas

Com a lua em cor.

Dora Dimolitsas

Dia sete de setembro

Não podemos nós privarmos da própria liberdade

Respeitando ,e refletindo sobre os símbolos nacionais.

O amor é algo importante dentro da humanidade de cada um

É essencial, autoconhecimento, e questionamentos.

Pensando no sete de setembro, quando em tempos passados nos fortalecemos para não sermos subjugados.

O Grito de nosso imperador, foi o grito de cada um de nós

Brasileiros,que sempre sonhamos com plena vida,

Livres, para simplesmente ser.

Muitas vezes dependência significa morte, por isto, é bom refletir

Sobre o que pede nossa nação.

Use o coração, porém com moderação,

Sem muita empolgação, pois todo excesso gera confusão.

O povo anda perdido em ,Ideologias pessoais,
esquecendo-se
Que precisamos de humanidade vinda do coração.
Os verdes de nossas florestas acenam com a vida,
abundância de nossa nação,

Os rios corem, ao encontro da liberdade, atravessando os verdes e amarelos, sobre o céu azul, tatuados em nossos corações.
O mar pleno e livre, é como o mundo que buscamos.
Quero meu Brasil para todos os Brasileiros.

Printed by Books on Demand GmbH, Norderstedt / Germany